52070610R00068

Made in the USA
Lexington, KY
09 September 2019